2. Lesestufe

TINO

Das Krokodil mit den Turnschuhen

Ravensburger Buchverlag

Bibliografische Information Der Deutschen Bibliothek:

Die Deutsche Bibliothek verzeichnet diese Publikation in der Deutschen Nationalbibliografie. Detaillierte bibliografische Daten sind im Internet über **http://dnb.ddb.de** abrufbar.

Für Helga und Harald

Die Schreibweise entspricht den Regeln der neuen Rechtschreibung.

3 2 1   04 05 06

Ravensburger Leserabe
© 2003, 2004 Ravensburger Buchverlag Otto Maier GmbH
Umschlagbild: TINO
Umschlagkonzeption: Sabine Reddig
Redaktion: Sabine Schuler
Printed in Germany
ISBN 3-473-36046-5

www.ravensburger.de
www.leserabe.de

Elena hat
ein Krokodil.
Das Krokodil
hat einen schönen Namen.
Es heißt Kurt.
Kurt wohnt
in Elenas Kinderzimmer.

Mit Kurt
kann Elena toll spielen.

Zum Beispiel Ball.
Oder Tennis.
Oder Verstecken.

Manchmal baut Elena
für Kurt eine Kuschelhöhle
aus Kissen und Decken.
Da ist es gemütlich.
Elena und Kurt
gehen auch gern spazieren.

Kurt hat
schöne bunte Turnschuhe.
Die passen ihm gut.

Manchmal darf Kurt mit Elena
auf dem Roller fahren.
„Was hast du nur
für ein niedliches Krokodil!",
sagen dann die Leute.

Oder:

„Was für schöne blaue Augen
dein Krokodil hat!"
Dann freut sich Elena.

Manchmal darf Kurt
mit in die Schule.

Dort schläft er
in Elenas Schultasche.
Zum Glück
schnarcht Kurt nicht.

Natürlich ist Kurt
kein echtes Krokodil.
Kurt ist ein Stofftier.

Aber das
ist Elena egal.
Mit Kurt kann Elena
alles bereden.

Kurt versteht alles.
Kurt kann nicht sprechen,
aber Elena
kann seine Gedanken lesen.

Das kann nur Elena.
Sonst niemand.
Elena ist froh,
dass es Kurt gibt.

Heute Abend
gehen Mama und Papa
ins Kino.
Ohne Elena.
Zum ersten Mal
ist Elena allein zu Hause.
Ganz allein.
„Ich habe überhaupt
keine Angst allein zu bleiben."

Das sagt Elena
zu ihren Eltern.
„Höchstens
ein bisschen."
Das flüstert Elena
ihrem Krokodil zu.
Heimlich.
Kurt nickt verständnisvoll
mit dem Kopf.
Auch heimlich.

Damit es
niemand merkt.
Außer Elena.

Elenas Eltern
freuen sich.
Was für eine
mutige Tochter
sie haben!

Mama und Papa
ziehen die Jacken an.
Sie umarmen Elena.

Dann ist Elena allein.
Ganz allein.
Aber nein, fällt Elena ein.
Ich habe ja Kurt.
Ein Glück!

Bevor Elena
ins Bett muss,
darf sie noch fernsehen.
Das haben
Mama und Papa erlaubt.
Elena geht
ins Wohnzimmer.
Sie schaltet
den Fernseher ein.

Es kommt ein Tierfilm
über Krokodile.
So ein Zufall.
Elena und Kurt
sehen sich den Film
gemeinsam an.
Kurt kuschelt sich
in Elenas Arme.

Der Film
ist sehr spannend.
Er ist so spannend,
dass sich Elena versteckt.
Hinter dem Sofa.
Echte Krokodile
sind Elena
nämlich unheimlich.
Die sind so groß.

Außerdem haben
echte Krokodile
viel zu viele Zähne.
Und wahrscheinlich
Mundgeruch.

Das gefällt Elena nicht so.
Hinter dem Sofa
sieht Elena nicht,
was die Krokodile machen.
Aber sie kann es hören.

Elena hört,
wie die Krokodile
im Wasser planschen.
Sie hört,
wie die Krokodile
ihr Maul auf- und zuklappen.
Sie hört,
wie die Krokodile
an Land kriechen.
Unheimlich.

Da hört Elena
noch etwas:
ein Plumpsen.
Als wäre ein Krokodil
aus dem Fernseher geplumpst.
Hinein ins Wohnzimmer.
Gibt es das?
Elena wird es
heiß und kalt.
Da hört sie
noch ein Plumpsen.

Und noch eines
und noch eines.
Das Plumpsen
will nicht mehr aufhören.

Elena spitzt die Ohren.
Es klingt als würden sich
viele Krokodile balgen.
Mitten im Wohnzimmer,
direkt vor Elenas Sofa.

Jetzt ist Elena alles klar:
Im Wohnzimmer
wimmelt es von Krokodilen.
Was geschieht,
wenn sie Elena entdecken?

Elena will es nicht wissen.
Sie drückt Kurt
fest an sich.
Dann springt Elena auf
und rennt davon.

Krokodile sind schnell.
Elena ist schneller.

Schon ist sie in ihrem Zimmer.
Sie wirft die Tür hinter sich zu.
Elena schiebt
die Spielkiste davor.
Sie sieht sich um.
Wo kann sie sich verstecken?

Unter dem Bett?
Hinter dem Vorhang?
Da sieht Elena
ein besseres Versteck –
ihre Kuschelhöhle.
Da wird sie keiner finden.
Und die Krokodile
schon gar nicht.

Elena verkriecht sich
unter Kissen und Decken.
Hier findet sie niemand.

Aber unter den Decken
ist es heiß und stickig.
Sie kann kaum atmen.
Elena liegt im Dunkeln.
Unendlich lang.

Fast hat sie
die Zeit vergessen.
Elena lauscht.
Alles ist still.
Ob die Krokodile weg sind?
Vielleicht warten sie nur,
bis Elena rauskommt.
Wann kommen
Mama und Papa
endlich zurück?, denkt Elena.

Manchmal fährt
ein Auto vorbei.
Dann ist es im Zimmer hell
von den Scheinwerfern.

Nur ganz kurz,
dann ist das Auto wieder weg.
Elena wünscht sich,
das nächste Auto soll
nicht vorbeifahren.

Es soll vor dem Haus halten.
Ihre Eltern sollen aussteigen.
Und alles ist gut.
Doch die Autos
fahren alle vorbei.

Da geschieht etwas
Unheimliches:
Elena hört ein Scharren.
Es kommt vom Fenster!
Jetzt weiß Elena,
wo die Krokodile sind.
Sie haben sich
im Vorgarten versammelt.

„Ich bin ganz alleine",
flüstert Elena.
Da fällt ihr
Kurt wieder ein.
Den hat sie glatt vergessen.
Vor lauter Angst.
„Hast du Angst?",
fragt Kurt.

Elena zögert.
Vielleicht lacht Kurt sie aus.
„Ja, ich habe Angst",
sagt sie trotzdem.

Kurt lacht nicht.
„Du musst dich nicht schämen",
antwortet er.
„Angst ist wichtig.
Wovor hast du Angst?"
Da erzählt Elena
von den Krokodilen
vor dem Fenster.

„Wollen wir nachsehen?",
fragt Kurt.
Zuerst will Elena nicht.
„Trau dich",
flüstert ihr Kurt zu.
Elena gibt sich einen Ruck.
Was ist vor dem Fenster?
Keine Krokodile.
Nur der Wind.

Er fährt durch die Bäume.
Ein Ast schürft
über den Fensterladen.
Das war das unheimliche
Geräusch.

Elena ist erleichtert.
„Weißt du was?", sagt sie.
„Die Krokodile
habe ich erfunden.
In meinem Kopf.
Hier gibt es keine Krokodile."
„Aber dich gibt es",
antwortet Kurt.
„Und das ist schön."

Jetzt traut sich Elena
auch ins Wohnzimmer.
Im Wohnzimmer
flackert gelbes Licht.
Das Licht kommt
vom Fernseher.

Elena knipst die Lampe an.
Sie sucht überall.
Unter dem Tisch,
auf dem Schrank,
hinter dem Vorhang.
Doch Elena
findet nichts Verdächtiges.

Kein Krokodil weit und breit.
Nicht einmal im Fernseher.
Der Tierfilm
ist längst vorbei.
Elena schaltet
den Fernseher aus.
Endlich kann sie lachen.
Elena lacht über sich selbst.
Krokodile in der Wohnung –
so ein Quatsch.

Da hört Elena
ein unheimliches Geräusch.
Es kommt aus dem Flur.
Elena sieht Kurt an.
Kurt sieht Elena an.
Kein Zweifel,
da ist etwas.
Etwas Unheimliches.
Elena drückt Kurt an sich.
Sie sagt nichts.

Dann schleicht sie
auf Zehenspitzen in den Flur.
Da geht die Haustür auf.
Elena hält die Luft an.

Es sind
Mama und Papa.
Ihre Eltern
sind sehr vergnügt.
Sie lachen Elena an.
Elena ist erleichtert.
„War der Tierfilm schön?",
fragt Papa.

Elena fasst sich
an die Nase.
„Er war spannend",
antwortet sie.
„Wir haben dir
etwas mitgebracht",
sagt Mama.
„Ein paar Krokodile."
Elena stutzt.

Was hat Mama gesagt?
Ein paar Krokodile?
Da sieht Elena
die kleinen grünen Krokodile.
Sie sind in einer Tüte.
Natürlich sind sie nicht echt,
sondern aus Weingummi.

„Diese Krokodile
sind mir am liebsten",
sagt Elena
und umarmt ihre Eltern.
Da fällt ihr Kurt wieder ein.

Ihre Blicke treffen sich.
„Aber du bist mir
das allerliebste Krokodil",
flüstert Elena.
Kurt zwinkert ihr heimlich zu.
„Ich weiß", sagt er.
Mama und Papa
haben nichts gehört.
Denn nur Elena
kann Kurt verstehen.

Leserätsel
mit dem Leseraben

Super, du hast das ganze Buch geschafft!
Hast du die Geschichte ganz genau gelesen?
Der Leserabe hat sich ein paar spannende
Rätsel für echte Lese-Detektive ausgedacht.
Mal sehen, ob du die Fragen beantworten
kannst. Wenn nicht, lies einfach noch mal
auf den Seiten nach. Wenn du die richtigen
Antwortbuchstaben in die Kästchen auf Seite 59
eingesetzt hast, bekommst du das Lösungswort.

Fragen zur Geschichte

1. Warum ist Elena froh, dass es Kurt gibt?
   (Seite 12)
   A: Mit Kurt kann Elena alles bereden und er
      versteht sie.
   K: Kurt baut für sie eine Kuschelhöhle.

2. Was macht Elena, als sie zum ersten Mal
   allein zu Hause ist? (Seite 18)
   X: Sie macht ihre Schulaufgaben.
   N: Sie darf fernsehen.

58

3. Warum sind Elena echte Krokodile unheimlich? (Seite 21/22)
  L : Sie verfolgen sie auf dem Weg zur Schule.
  G: Sie sind so groß und haben viel zu viele Zähne.

4. Wo versteckt sich Elena, als sie Angst bekommt? (Seite 32)
  S: Sie versteckt sich in ihrer Kuschelhöhle.
  H: Sie versteckt sich hinter dem Vorhang.

5. Was macht Elena, als sie im Garten unheimliche Geräusche hört? (Seite 44)
  U: Sie verkriecht sich unter ihrem Bett.
  T: Sie öffnet das Fenster und sieht nach.

Lösungswort:

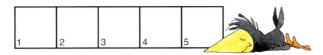

Super, alles richtig gemacht! Jetzt wird es Zeit für die RABENPOST.
Schicke dem LESERABEN einfach eine Karte mit dem richtigen Lösungswort. Oder schreib eine E-Mail.
Wir verlosen jeden Monat 10 Buchpakete unter den Einsendern!

An den LESERABEN
RABENPOST
Postfach 20 07
88190 Ravensburg
Deutschland

leserabe@ravensburger.de
Besuche mich doch auf meiner Webseite:
www.leserabe.de